BEI GRIN MACHT SICH IHR WISSEN BEZAHLT

- Wir veröffentlichen Ihre Hausarbeit,
  Bachelor- und Masterarbeit

- Ihr eigenes eBook und Buch -
  weltweit in allen wichtigen Shops

- Verdienen Sie an jedem Verkauf

Jetzt bei www.GRIN.com hochladen und kostenlos publizieren

Geschichte der Psychologie. Epochen, Vertreter und die Bedeutung der Romantik

Bibliografische Information der Deutschen Nationalbibliothek:

Die Deutsche Nationalbibliothek verzeichnet diese Publikation in der Deutschen Nationalbibliografie; detaillierte bibliografische Daten sind im Internet über http://dnb.d-nb.de abrufbar.

ISBN: 9783346730855
Dieses Buch ist auch als E-Book erhältlich.

© GRIN Publishing GmbH
Nymphenburger Straße 86
80636 München

Druck und Bindung: Books on Demand GmbH, Norderstedt Germany
Gedruckt auf säurefreiem Papier aus verantwortungsvollen Quellen

Das vorliegende Werk wurde sorgfältig erarbeitet. Dennoch übernehmen Autoren und Verlag für die Richtigkeit von Angaben, Hinweisen, Links und Ratschlägen sowie eventuelle Druckfehler keine Haftung.

Das Buch bei GRIN: https://www.grin.com/document/1273709

Anlage 1: Deckblatt

Einsendeaufgaben

A1-A3

Alternative A: Geschichte der Psychologie

abgegeben am 14. September 2017 bei der Deutschen Post

SRH Fernhochschule

Modul: Einführung in die Psychologie

Studiengang: B. Sc. Psychologie

Inhaltsverzeichnis

1 Teilaufgabe- A1.. 3

   1.1 Epochen und Vertreter der Psychologie von der Antike bis Heute 3

   1.2 Kurzer Ausblick der weiteren Entwicklung 11

Teilaufgabe - A2.. 12

   2.1 Entwicklung der Psychologie als eigenständige Wissenschaft 12

   2.2 Einfluss durch Wundt und andere auf die Forschung.............................. 15

3 Teilaufgabe - A3.. 20

   3.1 Bedeutung der Romantik für die Psychologie 20

   3.2 Auswirkung der Empfindsamkeit auf psychische Prozesse 22

   3.3 Einfluss auf das Leib- Seele- Problem der Psychologie......................... 24

Literaturverzeichnis... 28

1 Teilaufgabe- A1

1.1 Epochen und Vertreter der Psychologie von der Antike bis Heute

Die Geschichte der Psychologie begann bereits in der frühen Antike um ca. 400 v. Chr. als Gelehrte die ersten wissenschaftlichen und philosophischen Überlegungen über die Verbindung von Körper, Geist und Seele anstellten.

Der Grieche und Philosoph Sokrates lebte ca. 469-399 v. Chr.in Athen. Auch als „sprechender Philosoph" bekannt, bediente er sich des Dialogs, um Erkenntnisse und Wissen zu fördern. Er verwendete dazu die Technik *Mäeutik* (Hebammenkunst), die er als „Geburt des Wissens" definierte. Sein Schüler, der griechische Philosoph Platon (427-347 v. Chr.) gründete ca. 385 v. Chr. eine Akademie für Philosophie in Athen, nach deren Vorbild viele weitere Lehranstalten gegründet wurden. Platon entwickelte die „Idee", die er in seinem *Höhlengleichnis* versuchte zu erläutern. Er begründete den dualistischen Ansatz in der Fragestellung, wie Körper, Geist und Seele zusammen funktionieren. Für Platon hauchte nur die Seele, die von Gott stammen musste, dem Körper Leben ein. Der Körper selbst war ohne Seele leblos. Seine dualistische Sichtweise war noch Jahrhunderte hinweg prägend für das abendländische Denken. (vgl. Reuter, 2014, S.33-35)

Abbildung 1:   Aristoteles Büste

Ein Schüler Platons, war Aristoteles (384- 322 v. Chr.), griechischer Philosoph und „Allroundgelehrter der Antike", (Reuter, 2014, S.36) der sich in seiner Schrift *Peri Psyches* (lat. De Anima = dt. Über die Seele) mit dem sogenannten „Leib-Seele- Problem" beschäftigte und die Ansichten seines Lehrers Platon hinterfragte. Er versuchte durch logische Schlussfolgerungen eine Erklärung für die Verbindung von Leib und Seele zu erörtern und stellte beispielsweise folgende Überlegungen an: „Es scheint so, dass die Seele das meiste nicht ohne den Körper erleidet oder tut, wie z.B. zürnen, mutig sein, begehren oder kurz gesagt wahrnehmen. Am ehesten scheint noch das Denken nur der Seele anzugehören." (Aristoteles, 2011, S.11)

Neben seiner Auseinandersetzung mit der menschlichen Seele, entwickelte er Platons *platonische Vierheit Tugenden* weiter in seine *Nikomachische- Ethik*. Die Tugenden die Aristoteles durch seine Beobachtungen gewinnt, sind Tapferkeit, Besonnenheit, Großzügigkeit, Großartigkeit, Hochsinnigkeit, Ehrliebe, ruhiges Wesen, Freundschaft, Gewandtheit, Schamgefühl und Gerechtigkeit, die das Streben nach Glück und einem erfüllten Leben beschrieben und das Grundmotiv eines jeden Menschen darstellten. (vgl. Reuter, 2014, S.38)

Im weiteren Verlauf des europäischen Mittelalters kam die Wissenschaft und die Beschäftigung mit philosophischen Fragestellungen nicht weiter, da die vorherrschende Auseinandersetzung den religiösen Themen galt, wie z.B. die Verherrlichung Gottes, Sünde und Vergebung sowie die Fragen des Glaubens.

Anders wurde es in der Zeit des Mittelalters in der arabischen und wissenschaftlichen Kultur erlebt. Dort prägte die rationalistische Denkschule Mu`tazila, die Wissenschaft, welche unter dem Schutz des Kalifen von Bagdad stand. Der Physiker Alhazen beschäftigte sich mit der Funktionsweise des menschlichen Auges und erläuterte in seinem Werk *Opticae thesauru* die optische Wahrnehmung. Sowie der Arzt und Philosoph Avicenna, der sich mit der Lehre der Körpersäfte in seinen Werken *Kanon der Medizin* und *Kunst des Heilens* auseinandersetze. (vgl. Reuter, 2014, S.48-50)

Ende des Mittelalters und mit Beginn der Renaissance entwickelten sich wieder neue Denkschulen in Europa. Beispielsweise wurden auch die Annahmen über das Leib- Seele- Problem des griechischen Philosophen Aristoteles wieder aufgegriffen und genaustens analysiert. Der berühmteste Scholastiker und theologische Denker Thomas von Aquin (1225-1274), der bis heute noch das katholische Verständnis prägt, schrieb in seiner Auseinandersetzung *Über die Seele* das jedes Individuum mit der Zeugung eine *forma substantialis*, also eine substantielle Gestalt erhalte und seiner Auffassung nach, Körper, Geist und Seele eine Einheit bilden würden. Er versuchte den aristotelischen Ansatz des Leib- Seele- Problems mit dem Glauben zu verbinden und zu erklären. Auf diese Theorie des Seelenverständnisses berief sich der Vatikan daher noch bei umstrittenen Fragen im 20. Jahrhundert bei dem Thema der Abtreibung. (vgl. Galliker, Klein & Rykart, 2007, S.36)

In Zeiten der Reformation gab es eine starke Revolution und Wandlung um das bisherige Verständnis was über den Geist und den Menschen gesammelt und gedacht wurde. Es war Martin Luther (1483- 1546), der die Thesen von dem Scholastiker Johannes Duns Scotus (1266 -1308) aus der Renaissance und der christlichen Kirchenlehre über den „Willen des Menschen" aufgriff. Luther forderte, dass jeder Gläubige einen Zugang zu Gott und den geistlichen Schriften erhalten müsse, ohne Vermittlung durch z.B. Priester. Er erreichte dies durch die Übersetzung der Bibel in die deutsche Sprache. Die Menschen wurden so selbstständiger und freier. 1456 kam die Erfindung des Buchdrucks durch Gutenberg und so konnte die Verbreitung der Gutenberg- Bibel schnell erfolgen. (vgl. Reuter, 2014, S.58-60)

Im französischen Rationalismus war es der berühmte Philosoph und Naturwissenschaftler René Descartes (1596- 1650) der bestrebt war in der Annahme, die Forschung der Natur und des Menschen von religiösen Ansätzen zu befreien. Er verglich den Menschen mit einer Maschine: „Das Räderwerk der Seele." (Lück & Gusik- Leinwand, 2014, S.144) Er begründete den *kartesianischen Dualismus* indem er Körper und Geist trennte. Er nahm eine geistige Substanz (res cogitans) und eine körperliche Substanz (res extensa) an, die jede auf Ihre Weise wissenschaftlich untersucht werden sollte. So gab er an, das der Körper zugänglich für physikalische, physiologische und chemische Untersuchungen war. Hingegen die geistige Substanz sich der naturwissenschaftlichen Untersuchung entzieht und eher durch Introspektion, Beobachtung und Reflexion zu untersuchen sei. (vgl. Reuter, 2014, S.72-74)

Abbildung 2: René Descartes Portrait
(Quelle: www.wikipedia.de)

Im 18. Jahrhundert begann die Epoche der Romantik. Nach vorangegangener Aufklärung kamen immer mehr Sehnsüchte und Fragen bei den Menschen auf. Die Romantik wandte sich weg von rationalistischen und vorgeschriebenen Denkweisen und fand ihren Ausdruck mehr in der freien Kunst, Lyrik und Musik, welche sich weiter mit den verschiedenen Seelenzuständen beschäftigte. Die Erforschung der Natur und eine eher bürgerliche Kultur standen im Mittelpunkt.

Berühmte Schriftsteller wie Johann Wolfgang von Goethe, Künstler wie z.B. Caspar David Friedrich oder Musiker wie Robert Schumann prägten mit vielen anderen diese Epoche. Die Künstler drückten in ihren Werken helle und auch dunkle Seelenzustände aus und fühlten sich stark verbunden mit der „beseelten Natur". (Schönpflug, 2013, S.193) Zudem waren es E.T.A. Hoffmann (1776-1822) und Heinrich von Kleist, die sich dem Denken und der Sprache öffneten. Sie erkannten, dass beim Denken z.B. Emotionen wie Freude oder Unmut, sprachlich ausgedrückt werden konnten und im Gespräch mit anderen eine Umstimmung stattfinden kann, indem sie zu neuen Wahrnehmungen und Sichtweisen kamen. Diese Entdeckung ist heute die Grundlage für Gesprächstherapien. (vgl. Reuter, 2014, S.107-113)

Das 19. Jahrhundert war stark geprägt von gesellschaftlichen und kulturellen Umbrüchen sowie von seiner wachsenden industriellen Entwicklung und dem vorherrschenden Materialismus. Die Psychologie konnte durch ihre methodische Anlehnung an die Naturwissenschaften große Weiterentwicklungen bewirken. So gelang es beispielsweise dem Mediziner, Mathematiker und Physiker Gustav Theodor Fechner (1801-1887), zusammen mit seinem Mitstreiter und Pfarrersohn Ernst Heinrich Weber (1795- 1878) mit der *Psychophysik* große Erfolge zu verzeichnen. Erst war es Weber der die Grundformel durch seine Beschäftigung mit dem Tastsinn und der Wahrnehmung des sogenannte *Weber-Fechner- Gesetz* entwickelte, das Fechner mathematisch erweiterte. (Reuter, 2014, S.134-136) Fechner untersuchte erstmalig die körperliche und psychische Verbindung und war der monistischen Auffassung, dass Körper und Geist eine Einheit seien. (vgl. Galliker, Klein & Rykart, 2007, S.195)

Einen revolutionären Grundstein für die Psychologie legte Wilhelm Wundt (1832-1920), Pfarrersohn und studierter Mediziner, der im Jahr 1878, das erste psychologische Labor in der Universität in Leipzig gründete. Er galt dadurch als Begründer der „modernen" Psychologie, da das *Leipziger Institut* als Vorbild für viele andere Hochschulen fungierte und hunderte Schüler, internationaler Herkunft, ausgebildet wurden. Er brachte zudem die experimentelle Forschung in Aufschwung. Die Psychologie emanzipierte sich von der Philosophie und bahnte sich durch die Institutionalisierung ihren Weg als eigenen Wissenschaftsdisziplin. Wundt favorisierte in seiner *Leipziger Schule* die

Forschungsmethoden wie die Beobachtung und das Experiment. (vgl. Reuter, 2014, S.138)

Ein ehemaliger Schüler Wundts, der Psychologe Oswald Külpe (1862-1915) gründete 1896 in Würzburg ein psychologisches Institut. Es war die sogenannte *Würzburger Schule*, die sich hauptsächlich mit den Prozessen des Denkens auseinandersetzte. Külpe bediente sich bei seinen Untersuchungen hauptsächlich der Introspektion und des Experiments. Die Gestaltpsychologie, auch *Frankfurter- Berliner Schule* genannt, wurde durch berühmte Vertreter wie Max Wertheimer (1880- 1943), Kurt Koffka (1886- 1941) und Wolfgang Köhler (1887- 1967) begründet. Sie formulierten die sogenannten *Gestaltgesetze*. Sie waren der Auffassung, dass die kognitive Wahrnehmung als Einheit betrachtet werden sollte und nicht in einzelne Teil zerlegbar wäre. (vgl. Reuter, 2014, S. 144-145)

Mit Beginn des 20. Jahrhunderts war es Hugo Münsterberg (1863-1916), ein ehemaliger Schüler Wundts, gelungen mittels der sogenannten *Psychotechnik*, die Teil der Angewandten Psychologie war, einen großen Erfolg zu verzeichnen. Es wurde darunter ein Verfahren bzw. eine Technik verstanden, die es ermöglichte die Eignung für Berufe bei Berufsanwärtern zu beurteilen. Er präsentierte 1910 den ersten Berufseignungstest für Bahnarbeiter. Dies stellte einen hohen gesellschaftlichen Nutzen für die Wirtschaft dar. Zudem unterstützte dies die Psychologie sehr in ihrer Entwicklung als eigenständige Wissenschaftsdisziplin. (vgl. Reuter, 2014, S.139)

Auch mit Beginn des 20. Jahrhunderts gründeten zwei russische Physiologen namens, Iwan Petrowitsch Pawlow (1849-1936) und Wladimir Michajlowitsch (1857- 1927), die *Russische Schule*, wonach sie nach ihrem Verfahren der „klassischen Konditionierung" experimentierten. In der Untersuchung über die Speichelresektion beobachtete Iwan Pawlow wie seine Versuchstiere (meist Hunde), auf einen Reiz (z.B. einen elektrischen Schlag) und einen gleichzeitig akustischen abgegebenen Ton reagierten. Nach einigen Durchgängen ließen sich die Tiere konditionieren und hoben reflexartig das Bein allein beim Hören des Tons. (vgl. Reuter, 2014, S.181-183)

Die Zuwendung galt nicht weiter dem Bewusstsein, sondern dem Verhalten, woraus sich eine neue psychologische Schule, der *Behaviorismus*, entwickelte. Die Psychologen John B. Watson (1878- 1958) und Burrhus Frederic Skinner (1904-1990) nahmen die Erkenntnisse der *Russischen Schule* programmatisch auf. Watson untersuchte menschliches Handeln und wollte dieses voraussagen und überwachen. Er ermittelte seine Ergebnisse mittels experimentellen Methoden. (vgl. Galliker, Klein & Rykart, 2007, S.393) Skinner wurde durch das von ihm entwickelte *operante Konditionieren* bekannt. Dies war eine einflussreiche Theorie und Methode des *Behaviorismus*. Skinner konditionierte ein Lebewesen so, dass es seine eigenen Verhaltensweisen mit einer folgenden Konsequenz in Verbindung brachte. Um ein Verhalten zu fördern setzte er sogenannte Verstärker oder Verstärkerpläne ein. (vgl. Myers, 2014, S.300)

Ein weiterer Pionier dieser Zeit war Jean Piaget (1896-1980), studierter Biologe und kognitiver Entwicklungsforscher. Er verfasste zusammen mit Bärbel Inhelder das Buch *Psychologie des Kindes* und erläuterte darin die frühe geistige Entwicklung bis zur Adoleszenz. Beide Autoren unterschieden dabei vier Hauptstadien der kognitiven Entwicklung und beschrieben zur jeweiligen Stufe noch drei weitere Aspekte des Entwicklungsprozesses: Assimilation, Akkommodation und Äquilibration. Unter anderem stellte Piaget fest, dass Kinder nicht einfach, wie Skinner es annahm, durch ihr Umfeld manipulierbar seien. Er kam zu dem Entschluss, das Erziehung eher die natürlichen Neigungen der Kinder fördern sollte, um den Lerneffekt zu steigern. Er hielt die behavioristischen Methoden der Konditionierung und die Programmierung als unbrauchbar für die Erziehung eines Kindes. (vgl. Galliker, Klein & Rykart, 2007, S.442-452)

Mitte des 20. Jahrhunderts, ca. 1960er Jahre folgte die kognitive Wende. Die Verhaltensforschung konnte instinktives Verhalten nachweisen und löste sich von der alleinigen Modellvorstellung, dass ein Lebewesen nur passiv reagiere. Folglich wurde der Schwerpunkt von der Verhaltensforschung wieder auf Bewusstseinsprozesse verlagert. Ein berühmter Vertreter der Kognitiven Psychologie war George A. Miller (1920- 2012). Er untersuchte die *Kybernetik*, die er in der Psychologie anwendete und veröffentlichte sein Buch *Plans and the Structure of Behavior*. (vgl. Galliker, Klein & Rykart, 2007, S.455-457)

Die sogenannte Humanistische Psychologie war ein weiterer Ansatz die Bedürfnisse des Menschen zu untersuchen. Eine deutsche Vertreterin dieser Richtung war Charlotte Bühler (1893-1974). Sie widmete sich der wissenschaftlichen Tagebuchforschung und veröffentlichte 1933 ihr Buch *Der menschliche Lebenslauf als psychologisches Problem.* (vgl. Reuter, 2014, S.195-197) Eine weitere Denk- Schule stellte die Kritische Psychologie dar, die auf marxistischer Grundlage eine Subjektwissenschaft ersuchte. Ihr Vertreter Klaus Holzkamp kritisierte z.b. die starke Orientierung der Psychologie an der Methodologie. Er und andere Vertreter der kritischen Bewegung forderten mehr den Einsatz von subjektiven Methoden. (vgl. Schönpflug, 2013, S.414)

Gegen Ende des 19. Jahrhunderts und zu Beginn des 20. Jahrhunderts entwickelte Sigmund Freud (1856- 1939) die *Psychoanalytische Schule* in Wien. Er beschäftigte sich mit dem Unbewussten. Nach Freud wurden psychische Leiden oder somatische Symptome durch unbewusste Konflikte hervorgerufen. Durch die von ihm entwickelte *Psychoanalyse* konnten die unbewussten Anteile aufgedeckt werden. Durch das bewusst werden der unbewussten Konflikte, konnte der Patient seine Leiden auflösen.

Zwei weitere bekannte tiefenpsychologische Vertreter waren C.G. Jung (1875-1961) und Alfred Adler (1870- 1937). Jung sah in seiner *Analytischen Psychologie* hauptsächlich die Libido als treibende Energie im Menschen verantwortlich für die psychischen Auffälligkeiten. Er unterstellte außerdem, das sogenannte Archetypen (Traditionen, die der Menschen seit Urzeiten verinnerlicht hatte) eine Bedeutung in der unbewussten Psychodynamik hatten. Adler hingegen begründete seine *Individualpsychologie* auf der Annahme, das Minderwertigkeiten, die in früher Kindheit entstanden waren z.B. durch Misshandlung, ein Hindernis darstellten, um das Leben gut bewältigen zu können. In seiner Therapie setzte er an den Lebensumständen des Patienten an, um die Ursache der neurotischen Symptome zu erkennen und förderte dadurch den Prozess der persönlichen Entfaltung des Patienten. (vgl. Reuter, 2013, S.160-171)

1.2 Kurzer Ausblick der weiteren Entwicklung

Heute, angelangt im 21. Jahrhundert ist die Psychologie eine angesehene Wissenschaftsdisziplin. Nach den Autoren Lück und Gusik- Leinwand (2014) sind die damaligen Denkschulen nicht mehr führend, sondern verschiedene Fachrichtungen in der Psychologie in Deutschland wegweisend. Sie bietet ein großes Feld an Anwendungsfächern (z.B. Pädagogische Psychologie, Sportpsychologie, Klinische Psychologie usw.) und kann in der Forschung und in der Praxis auf ein umfassendes Spektrum an Methoden und Verfahren zurückgreifen. (S.143) Besonders der medizinische, biologische und neurowissenschaftliche Bereich unterstützt beispielsweise die psychologische Forschung. Durch den forschungsbedingten Wissenszuwachs über menschliches Erleben und Verhalten in den verschiedensten Bereichen des Lebens, wird eine Erweiterung des Anwendungsspektrums psychologischer Anwendungsfächer künftig wahrscheinlich weiter zunehmen und dadurch auch eine Ausdifferenzierung der Berufsfelder und Spezialisierungen der Psychologen. Beispielsweise findet im Gesundheitswesen eine immer weiter zunehmende Ausdifferenzierung statt, so dass es für jeden gesundheitlichen Bereich z.B. Prävention, Gesundheitspsychologie, Psychotherapie, Rehabilitation, Neurorehabilitation, Gesundheitsförderung usw. viele Konzeptionen und Ausbildungen geben wird, um die Gesundheit des Menschen zu fördern, zu erhalten, wieder zu erlangen oder Krankheiten vorzubeugen.

Die Bologna- Studiengänge, nach dem relativ neuen Bachelor- und Mastervorbild, bilden Studenten in verschiedenen Spezialisierungsmodulen fachspezifisch auf das spätere Berufsleben aus. Aktuell werden auch Überlegungen und Diskussionen angestellt, die *Psychotherapiewissenschaften* als eigenständigen Studiengang in die Hochschulen zu bringen. Anwärter einer Psychotherapeutenausbildung könnten somit über ein Direktstudium die Approbation erlangen, was bisher nur durch ein abgeschlossenes Masterstudium mit Schwerpunkt Klinische Psychologie und einer im Anschluss folgenden *Psychologischen Psychotherapeuten Ausbildung* möglich war. In der Zukunft wird es aufgrund der Ausdifferenzierungen der Anwendungsbereiche daher den „klassischen Psychologen" und die „klassische Psychologie" als solche nicht mehr geben.

Teilaufgabe - A2

2.1 Entwicklung der Psychologie als eigenständige Wissenschaft

Im Jahre 1879, das als Geburtsstunde oder wie Reuter (2014) schrieb „ein Schlüsseldatum in der Geschichte der Psychologie" (S.138) als Wilhelm Wundt (1832–1920), geboren in Neckarau, Sohn eines Pfarrers, Philosoph und Mediziner, nach langer Lehr- und Forschungstätigkeit an der Universität Heidelberg ein Forschungskonzept zur Psychologie an seinen Lehrstuhl für Philosophie nach Leipzig mitbrachte und das erste psychologische Labor, weltweit, an der Universität in Leipzig gründete.

Die Gründung des Labors war revolutionär zu betrachten, da es kein Institut für psychologische Forschung gab und somit erstmalig Raum für diese gegeben wurde. Wundt unterstütze mit diesem Schritt die Entwicklung der Psychologie auf ihrem Weg als eigenständige Disziplin in vielerlei Hinsicht. Er nutze das Labor für experimentelle Psychologie. Er etablierte dabei Methoden, die heute als wichtige Instrumente in der psychologischen Forschung, wenn auch weiterentwickelt, Anwendung finden. Zudem entwickelte das *Leipziger Institut* eigene Geräte für die experimentellen Untersuchungen, verkaufte diese weiter an andere Hochschulen, führte unzählige Versuche und Experimente durch, veröffentlichte viele fundierte Werke und Publikationen, begleitete viele Dissertationen und war immer offen für Kritik. So wurde die *Leipziger Schule*, wie sie Wundt nannte, Anlaufstelle für junge Wissenschaftler aus aller Welt. Auch Reuter (2014) begründet den Erfolg des Labors durch die „hochschulpolitische Akzeptanz" (S.138) und die hohe „Anzahl der internationalen und deutschsprachigen Schüler" (S.138). Es folgten weitere psychologische Institute und Laboratorien nach dem Leipziger Vorbild an anderen Hochschulen und stellte somit die Verbreitung und Ausweitung der Psychologie als eigenständige Disziplin sicher. (vgl. Lück & Gusik- Leinwand, 2014, S.64)

Zu damaliger Zeit war die Psychologie fakultätslos. Die psychologischen Vorlesungen wurden unter philosophischen Lehrstühlen abgehalten. Nach den Autoren Lück und Gusik- Leinwand (2014) gab es weder einen eigenen Studiengang noch ein eigenes Prüfungsfach. Den ersten „klassischen" Diplomstudiengang in Psychologie gab es beispielsweise erst 1941. (S.69)

Im Jahre 1913 entstand diesbezüglich eine Bewegung von hunderten Hochschullehrern, die Unterschriften sammelten, um die philosophischen Lehrstühle nur durch philosophische Professoren zu besetzen. Was nach Schönpflug (2013) „als Versuch der Unterdrückung der jungen Psychologie" (S.282) gedeutet werden konnte, da die psychologischen Lehrstühle und die Lehre durch zusätzliche Mittel finanziert wurden. Da diese finanziellen Mittel nicht vorhanden waren, hätte dies fast das Ende der Psychologie bedeuten können.

Wundt lehnte den *physiologischen Reduktionismus* (Galliker, Klein & Rykart, 2007, S.199) ab, da es nie Wundts Ansinnen war die Philosophie von der Psychologie zu trennen. Immerhin fanden ihre Anfänge in philosophischen Fragestellungen und Auseinandersetzungen (bereits in der Antike) ihren Ursprung. In seinem Werk von 1913 *Die Psychologie im Kampf ums Dasein* äußert Wundt seine Bedenken gegenüber der Trennung der beiden Disziplinen kritisch. Er selbst sah sich immer als Philosoph. Durch die Gründung des experimentellen Labors in Leipzig bereitete sich unaufhaltsam jedoch ein eigenständiger Weg für die Psychologie, was zu einer Fakultätstrennung führte. Mit der Besetzung des ersten Lehrstuhl 1923 für Psychologie in Jena war die institutionelle Trennung der beiden Fächer begründet. (vgl. Lück & Gusik-Leinwand, 2014, S.71)

Sein größter Beitrag zur Verselbstständigung der Psychologie nach Galliker, Klein & Rykart (2007) war das sich das Fach rein wissenschaftlich betrachtete und Psychologen dank des von ihm auf den Weg gebrachten *psychischen Parallelismus* entsprechend arbeiten konnten. (S.201) In seinem Werk *Grundzüge der physiologischen Psychologie* (1874/1908) fasste Wundt seine Forschungserkenntnisse zusammen und nahm an, das psychische und physische Prozesse parallel laufen mussten, aber keine Wechselwirkungen zwischen beiden stattfänden, wonach der physiologische Bezug vernachlässigt werden konnte. Dies bedeutete, das psychisches aus der Psyche entstehe. Die Ursache konnte somit im psychischen untersucht und erfasst werden und eröffnete einen eindeutigen „Zuständigkeitsbereich der Psychologen". (Galliker, Klein & Rykart, 2007, S.199)

Die Konstruktion des *psychophysischen Parallelismus* war eine Antwort Wundts auf das Leib- Seele- Problem und verlieh mit dieser Herangehensweise der

Psychologie ein Paradigma, dass das Fach in seiner Entwicklung als eigene Wissenschaftsdisziplin unterstütze. Wundt gab damit den Seelenbegriff auf und führte eine seelenlose Psychologie fort. Gleichzeitig befreite er die Psychologie psychische Phänomene in physiologischen Erscheinungen zu suchen und überwand so den „Status als Hilfswissenschaft für die Physiologie". (Galliker, Klein & Rykart, 2007, S.205)

Die Institutionalisierung der Psychologie begann ca. im Verlauf des 19. Jahrhunderts und entfaltete sich ca. im Laufe des 20. Jahrhunderts. Wundt hatte als „Begründer der experimentellen Psychologie" und mit seinem Forschungsprogramm die Methodenlehre auf den Weg gebracht. Ebenso beeinflusste das technische Verständnis, die Industrialisierung, der Wohlstand und die Wirtschaft die Psychologie auf ihrem Weg zur eigenständigen Disziplin. Vielmehr aber noch überzeugte sie durch ihren gesellschaftlichen Nutzen. (vgl. Reuter, 2014, S.240) Wie beispielsweise durch Hugo Münsterberg, ein Schüler Wundts, der die experimentelle Psychologie bevorzugte im Bereich der *Psychotechnik* angewandt hatte. Er stellte 1910 einen Eignungstest für Straßenbahnfahrer vor. Es konnte somit eine Vorauswahl über die berufliche Eignung der Arbeiter getroffen werden. Die Berufsanwärter konnten im Vorfeld in ihrer Intelligenz, motorischen Fähigkeiten, sozialen Einstellungen, Persönlichkeitsmerkmalen usw. befragt und beurteilt werden. (vgl. Reuter, 2014, S.139)

Die Psychologie gewann international, gesellschaftlich, kulturell sowie wissenschaftlich an Anerkennung. Sie bildete im Laufe der Zeit viele Anwendungsfächer aus, wie z.B. die Pädagogische Psychologie, die Sportpsychologie, die Umweltpsychologie, die Arbeits- und Organisationspsychologie. Myers (2014) begründete die Verselbstständigung der Psychologie letztlich auch als ein Zusammenspiel vieler Wissenschaften und deren Vertreter, die aus verschiedenen Ländern stammten. „Diese `Magellane des Geistes` wie sie Morton Hunt (1993) nannte, machen deutlich, dass die Psychologie ihren Ursprung in vielen Disziplinen und Ländern hat." (S.7)

2.2 Einfluss durch Wundt und andere auf die Forschung

Die früheren Experimente Wundts prägten die psychologische Forschung durch die Anlehnung an Methoden aus dem naturwissenschaftlichen Bereich. Nach den Autoren Lück und Gusik- Leinwand (2014) hatte Wundt durch seine Forschung „eine Methodenlehre begünstigt [und] sie hat Experiment, Statistik und Geschichte in die Psychologie integriert und [...] faktisch über zahlreiche Schüler den Aufstieg der empirischen Forschung in der Psychologie herbeigeführt." (S.74)

Jedoch sei nicht zu vergessen, dass nicht Wundt alleine für die Begründung der experimentellen Psychologie verantwortlich war. Auch er orientierte sich anfangs an bekannten Physiologen, wie Hermann von Helmholtz, Ernst Heinrich Weber und besonders Gustav Theodor Fechner. Nach den Autoren Galliker, Klein & Rykart (2007) war sogar, Gustav Theodor Fechner (1801- 1887) der „Pionier der experimentellen Psychologie" und nicht Wundt, da er erstmalig mathematisch die Verbindungen und Abhängigkeiten zwischen Leib und Seele untersuchte. (S.194) Wissenschaftlich nachwirkend hat Fechner zur „weiteren Entwicklung der *Widerspiegelungstheorie*" beigetragen und seine Forschungsarbeit ist heute „hinsichtlich der Feststellung von Schmerzempfindlichkeit" relevant. (Galliker, Klein & Rykart, 2007, S.195)

Wundt hatte für die *experimentelle Psychologie* zwei Methoden verwandt: das Experiment und die Beobachtung. Die Autoren Lück & Gusik- Leinwand (2014) betonten, dass sich im heutigen 21. Jahrhundert erkennen ließe, dass sich Wundts Eintreten für die naturwissenschaftliche Erkenntnistheorie in der Psychologie durchgesetzt habe. (S.72) Anfänglich orientierte er sich noch an empirischen Verfahren, die er aber wegen des hohen spekulativen Anteils im Laufe der Zeit ablehnte und sich in späteren Jahren ausschließlich den naturwissenschaftlichen Methoden widmete und die Sozialforschung und die subjektiven- qualitativen Verfahren eher ablehnte und sogar zu verhindern versuchte. Nach der Auffassung von Lück & Gusik- Leinwand (2014) „ging [dadurch] nicht nur eine Forschungsmethode, sondern ein großer Teil der Inhalte psychologischer Theorien verloren." (S.67)

Wundt hatte klare Vorstellungen nach seinem Forschungsprogramm, wie und für welche Phänomene die Methoden eingesetzt werden sollten. Er war überzeugt, dass das experimentelle Vorgehen nicht für höhere psychische Prozesse, z.B. Untersuchungen von Denkabläufen, geeignet wäre. Die Methode der Beobachtung hingegen war, bei höheren psychischen Prozessen anwendbar. (Galliker, Klein & Rykart, 2007, S.203) Wundt verübte beispielsweise Kritik an seinem Schülern Oswald Külpe. Külpe, der 1896 *Würzburger Schule* gründete, arbeitete mittels Introspektion unter Laborbedingungen an seiner sogenannten experimentellen Denkpsychologie. Wundt benannte Külpes Forschung als `Scheinexperimente` (Schönpflug, 2013, S.277). Die Untersuchungen waren nach Wundts Auffassung zu subjektiv, konnten nicht kontrolliert und wiederholt werden und würden gegen die Bestimmungen der wissenschaftlichen Vorgehensweise sprechen. Er befürchtete „den Verfall des psychologischen Experimentes durch Verbreitung der `Ausfragemethode`. (Schönpflug, 2013, S.277)

Auch, wenn nach den Autoren Häcker und Stapf (2008) die Bedenken von Wundt, das höhere psychische Prozesse nicht experimentell erforschbar wären, durch die Entwicklung widerlegt wurden, (S.298) haben sich die empirisch naturwissenschaftlich orientierten Disziplinen, die als *harte* Methoden bekannt wurden, durchgesetzt. Um die hermeneutisch ausgerichteten Geisteswissenschaftsdisziplinen, die auch als *weiche* Methoden bekannt waren, wurde es seit dem 20. Jahrhundert ruhig. Doch sie haben heute wieder an Ansehen gewonnen, da sie ein einfacheres Vorgehen bei komplizierten, persönlichen und gesellschaftlichen Angelegenheiten gestatten. Durch ihre Rückkehr in die Moderne haben sie die objektiven und quantitativen Methoden nicht bezwungen, jedoch wurden diese dadurch vermehrt in Frage gestellt und Kritik ausgesetzt. (vgl. Schönpflug, 2013, S.412-414)

Für die Forschung und auch für die Ergebnisse in der Praxis haben die früheren Experimentellen Wundts daher noch heute nachhaltigen Einfluss, da der Schwerpunkt der psychologischen Forschung immer noch auf den naturwissenschaftlich ausgerichteten Verfahren beruht. Laut Schönpflug (2013) zählt die Methodologie für die Forschung als „Garant für die Qualitätssicherung" (S.196) für die psychologischen Forschungsergebnisse in der Praxis.

Ein weiterer und besonders wichtiger Kritikpunkt liegt heute bei der genauen Erläuterung der Forschungsergebnisse. Denn es fehlt in der Praxis eine wichtige

Methode, um die Ergebnisse zu interpretieren und auch in den praktischen Kontext zu integrieren. Reuter (2014) gibt zu bedenken, das „die mathematisch-statistischen Ergebnisse der Experimente sich nicht von selbst erklären, denn die vorgelegten Daten und ihre Beziehung untereinander bedürfen noch der Deutung, vor allem dann, wenn ein praktischer Bezug zu unserer Lebenswelt hergestellt werden soll." (S.209)

Die Interpretation der psychologischen Forschungsergebnisse könnte durch die *Interpretationslehre* von Wundt, die er erst spät in seinem Werk *Logik* erläuterte, herangezogen werden. Nach Wundt war die Interpretationslehre eine Kombination aus problemlösender Denkstrategie und Kritik. Sie erforderte die analytische Untersuchung und Verbindung der erhobenen Daten. Durch diese Daten war ein Hineindenken in psychologische Elemente möglich. Hypothesen konnten aufgestellt werden und letztlich konnte eine Vervollständigung der Interpretation durch die Kritik erfolgen. Die Kritik sollte folglich den Widersprüchen in der Interpretation nachgehen, die Richtigkeit der geistigen Ergebnisse bewerten, Meinungs- und Wertungskritik hervorbringen. (vgl. Fahrenberg, 2008, S.6)

Nach Angaben von Fahrenberg (2008) wurde zu Beginn des Diplom Studiengangs der Psychologie noch intensives „hermeneutisches Handwerk" (S.12) betrieben und gelehrt. Durch den hohen Zeitfaktor und den hohen Schwierigkeitsgrad, verschwand das diagnostische Interpretationsverfahren irgendwann. Heute ist die Interpretationsmethode im Bachelor Studiengang völlig entfernt worden und es ist nur die Methodenlehre geblieben, ohne geisteswissenschaftliche Bezüge und Interpretationen. Somit fehlen heute in der Forschungspraxis die empirischen Verfahren zur Überprüfung der Forschungsergebnisse mit wesentlichen Details, wie z.B. Mangel an aufeinander abgestimmten Projekten, fehlen von Überprüfstrategien und beschränkte unabhängige Auswertungen und Kontrolluntersuchungen. (S.12)

Zudem kommt dadurch eine weitere Schwachstelle zum Vorschein, was auch ein Kritikpunkt Wundts war, das er „bei den zu seiner Zeit vorliegenden praktischen Ansätzen ausreichende Bezüge zur Grundlagenforschung" vermisste. (Schönpflug, 2013, S. 360) Die Forschung ist daran interessiert, das Leben durch die Forschungsergebnisse innovativer gestalten und verbessern zu können.

Daher ist sie besonders auf Nützlichkeit ausgerichtet, jedenfalls im Interessenfeld der Anwendungsforschung, die meist mit der Grundlagenforschung etwas in Konflikt gerät, da oft eine Theorie oder Erkenntnis noch keinen praktischen Nutzen für die Anwendungspraxis liefert. (vgl. Schönpflug, 2006, S.47)

Beide Forschungsfelder entwickelten sich eher parallel. Die Grundlagenforschung widmete sich den Gesetzmäßigkeiten, während die Anwendungsforschung den gesellschaftlichen Nutzen erforscht. Schönpflug gab an (2013), das „in der Psychologiegeschichte kaum Fälle [wären], in denen neue theoretische Erkenntnisse praktische Fortschritte begründen" würden. In der psychologischen Praxis wurden zugrunde Prozesse meist nicht analysiert und einfach angewendet. (S.364) Die Ergebnisse von experimentalpsychologischer Forschung sollten jedoch Nutzanwendungen in allen gesellschaftlichen Bereichen wie Schule, Beruf und Wirtschaft liefern. (vgl. Schönpflug, 2013, S.360)

Ein Lösungsversuch, um die Grundlagenforschung und Anwendungsforschung zu verbinden, ist das heutige *Zwei-Stufen- Modell*, das als `Zukunftsvision` von Schönpflug (2006) benannt wurde. Beide Wissenschaften, die beinahe durch das *Zwei- Psychologie- Modell* zur Spaltung gefunden hätten, haben gemeinsame Wurzeln im Begriff der Seele. (S.50) Wünschenswert wäre zukünftig eine bessere Zusammenarbeit und Vernetzung der beiden Forschungsbereiche, damit eine zeitgleiche Entwicklung durch gegenseitige Anregung und bessere Kommunikation im Forschungsprozess zufriedenstellenden Ergebnissen in Theorie und Praxis, zu gelangen.

Nach den Autoren Lück & Gusik- Leinwand findet allmählich eine „Wiederbesinnung auf die geisteswissenschaftliche Tradition der Psychologie" (Jüttemann, 1986; zitiert nach Lück & Gusik- Leinwand, 2014, S.11) statt. Die Psychologie wurde in ihren Anfängen als eine geistes- und naturwissenschaftliche Wissenschaft begründet, was heute viele Psychologen zum Teil vergessen haben, da die historische Vergangenheit als überholt angesehen wurde. Die junge Wissenschaft lehnte sich in ihrer Entwicklung stark an die Methodenlehre und vernachlässigte die Beschäftigung mit hermeneutischen Erklärungstheorien. Die frühere Forschung galt als veraltet und hinfällig. Kritische Psychologen und Bewegungen jedoch machen auf die

Vernachlässigung des empirischen Denkens in der vorherrschenden experimentellen Psychologie aufmerksam und möchten zum Umdenken anregen. (vgl. Lück & Gusik- Leinwand, 2014, S.11) Besonders die Kritische Psychologie fordert eher den Einsatz von qualitativen und subjektiven Methoden. Es wäre zu überlegen, ob die Einführung einer Interpretationstechnik im Psychologiestudium wieder in den Lehrplan integriert werden sollte, um beispielsweise bei Forschungstätigkeiten die Ergebnisse besser zu verstehen und sie für die Lebenswelt anwenden zu können. Daher sollte die didaktische und berufsethische Sicht nochmals überdacht werden. So habe auch nach den Autoren Lück & Gusik- Leinwand (2014) die Psychologie „an methodischer und paradigmatischer Selbstüberprüfung [...] in ihrem Gewordensein [...] sicher noch manches zu leisten." (S.238)

3 Teilaufgabe - A3

3.1 Bedeutung der Romantik für die Psychologie

Der Rationalismus versuchte philosophische Fragestellungen mittels des Verstandes und der reinen Vernunft zu klären. Der Materialismus setzte auf maschinellen Fortschritt und der Empirismus zog seine Erkenntnisse aus Sinneserfahrungen oder Beobachtungen.

Das 18. Jahrhundert ließ jedoch Fragen und Sehnsüchte bei den Menschen offen, wodurch sich eine neue Bewegung in Gang setzte und Widerstand gegen die bisherigen wissenschaftlichen Ansätze leistete. Es war nicht mehr ausreichend sich des puren Verstandes zu bedienen, sondern vorranging war nun das Gefühl und die „Übertragung der Seele auf die ganze Natur" (Reuter, 2014, S.123)

Schönpflug (2013) sprach von der Rückkehr des *Irrationalismus*, der Ende des 18. Jahrhunderts in die Epoche der Romantik Einzug erhielt. Aus der Natur schöpfte der Mensch nicht nur seine Nahrung und Sinneserfahrungen", so Schönpflug, „sondern auch seine geistigen Bestände." (S.191-192)

Die Romantik wurde hauptsächlich durch Dichter, Maler, Musiker und Schriftsteller geprägt. Sie wurden fasziniert von den verschiedenen Seelenzuständen und brachten diese in ihren künstlerischen Werken zum Ausdruck. Die Künstler griffen Themen auf, wie Liebe, Eifersucht, Natur, Trauer und Religion, um die verschiedenen Zustände zu beschreiben. Die Erkenntnisse, die sie in ihren Werken beschrieben, beruhten auf Selbsterfahrungen und eigene Stimmungszuständen. Zudem fand eine sehr starke Auseinandersetzung mit der Natur statt. Es galt die Annahme, dass der Mensch durch sein seelisches Erleben bestimmt wurde und die Natur und alles darin „beseelt" wäre. (vgl. Reuter,2014, S.124)

Durch die Beschäftigung des inneren Seelenlebens, die Ausdehnung des Seelenbegriffs auf die gesamte Natur und die tiefgründigen Beschreibungen der verschiedensten Seelenzustände aller Individuen eröffnete eine neue Sicht für die Psychologie. Sie konnte sich so von rationalistischen Betrachtungsweisen abwenden und neue Annahmen aufstellen. So erläuterte Schönpflug (2013), das sie sich nicht mehr alleine dem Menschen, sondern allen Naturwesen zugewandt hat. Die Psychologie widmete sich den Individuen und ließ ihre bisherigen

Theorien außen vor. Achtung fand nun auch oberflächliches und ungenaues und nicht mehr nur eindeutiges und rationales. (S.194) Der Schwerpunkt lag nicht mehr alleine auf der Gattung Mensch, sondern auf jedem Einzelnen individuell und somit „wurde die Variation des psychischen zu einem wissenschaftlichen Gegenstand." (Schönpflug, 2013, S.194) Durch die romantische Epoche wurde die Ausbildung von verschiedene psychologische Richtungen, wie z.B. die Tierpsychologie, die Entwicklungspsychologie, die Sozialpsychologie und die Differentielle Psychologie sowie die Persönlichkeitspsychologie, angeregt. Diese Spezialgebiete behandelten Menschen und andere Naturwesen individuell in ihren verschiedenen Lebenssituationen und Lebensgemeinschaften. Es existierte kein Name für diese neue Form der Psychologie, wonach sich der Begriff nach geschichtlichen Vorbildern zunächst als *Vergleichende Psychologie* verwenden ließ.

Besonders die literarischen Stücke bedienten sich einer so herausragenden Sprache und exakten Beschreibung von psychischen Zuständen, dass so wie Reuter (2014) es ausdrückte „eine sehr kompetente Psychologie" (S.124) und damit auch ein Umdenken im „Menschenverständnis, das den „Irren" entgegengebracht" (S.124) worden war, entstand.

Nach Galliker, Klein & Rykart (2007) orientierte sich die Psychologie an der Medizin. Durch die künstlerischen Werke wurden Gefühle im Menschen freigesetzt, die physiologische und psychische Reaktionen hervorriefen. So begann die Beobachtung und das Interesse der Psychologie die Abhängigkeiten der physiologischen und psychischen Erscheinungen genauer zu untersuchen und zu beschreiben. (S.180)

Nach den Autoren Galliker, Klein & Rykart (2007) entwickelte die Psychologie sich so „als Teilgebiet der Physiologie". (S.180) Die Psychiatrien wurden institutionell. Die Psychiater jener Zeit nahmen sich ein Beispiel an den romantischen Künstlern und nutzten die Methode der *Beschreibung* zum Erfassen ihrer Beobachtungen bei den psychisch Kranken. So konnten psychische Krankheiten in Kategorien eingeteilt werden, Diagnosen festgelegt und Lehrbücher verfasst werden. (vgl. Reuter, 2014, S.125)

Die Romantik brachte der Psychologie neue Spezialgebiete hervor, die sich im Laufe der Zeit erst weiterentwickelten und heute zu Grundlagenfächern der

Psychologie wurden. Und sie legte einen Grundstein für ein Teilgebiet der Psychologie in der Medizin, der heutigen Psychiatrie. Mit Ende der Romantik wandte sich die Psychologie dem Materialismus zu, der sich durch die starke Industrialisierung und großen wissenschaftlichen Fortschritte, rein naturwissenschaftlich verstand. (vgl. Galliker, Klein & Rykart, 2007, S.180)

3.2 Auswirkung der Empfindsamkeit auf psychische Prozesse

Eine besondere Strömung der Romantik war die sogenannte *Empfindsamkeit*. Sie widmete sich vornehmlich den Gefühlen in Verbindung mit der beseelten Natur. Die *Empfindsamkeit* erhielt in ihrer emotionalen Ausdrucksform noch einmal tiefere Bedeutung. In den künstlerischen Werken ging es besonders um Gefühle, die keiner wagte auszusprechen oder auszuleben, wie z.B. Sinnlichkeit, Schwärmerei, Sexualität, Traurigkeit oder Sehnsucht. Es entgegneten sich subjektive Empfindungen und rationaler Verstand. Die *Empfindsamkeit* wollte jedoch den Rationalismus nicht ablösen, sondern wollte vielmehr als Ergänzung angenommen werden. Die Aufmerksamkeit richtete sich nicht nur auf helle und positive Gemütszustände, sondern auch auf die dunklen und negativen Gefühle. (vgl. Reuter, 2014, S.102)

Die Künstler der *Empfindsamkeit* wollten die Betrachter mit ihren Werken bewegen. Der berühmte Maler, Caspar David Friedrich (1774 -1840), beispielsweise, verstand es seinen Bildern den typischen romantischen und empfindsamen Charakter zu verleihen. So auch mit seinem Gemälde um 1817 *Der Wanderer über dem Nebelmeer*. Es handelte sich bei seinem Bild um ein Ölgemälde, das heute in der Hamburger Kunsthalle bestaunt werden kann.

Das Bild zeigt einen Wanderer, der gut gekleidet mit einem Stock, auf einem Felsvorsprung steht. Vor ihm ein Nebel umhülltes Tal, das weitere Felsvorsprünge aus dem Nebelmeer herausragen lässt. Der Nebelverlauf und die Farben des Himmels wurden so gewählt, dass der Blick des Betrachters in die Natur förmlich hineingezogen wird. Durch die Rückenansicht des Mannes ermöglicht Caspar David Friedrich dem Betrachter seinen Blick in die Natur schweifen zu lassen. Die Farben des Bildes sind eher trist gehalten worden. Nur am Himmel und zwischen den Nebelschwaden sind leichte gelbliche Töne erkennbar, die etwas Wärme vermitteln. Im unteren Bereich des Bildes wirkt es durch das Felsgestein eher kalt.

Abbildung 3:   Der Wanderer über dem Nebelmeer, 1817
(Quelle: https://upload.wikimedia.org/wikipedia/commons/thumb/a/a6/Ueber-die-sammlung-19-jahrhundert-caspar-david-friedrich-wanderer-ueber-dem-nebelmeer.jpg/300px-Ueber-die-sammlung-19-jahrhundert-caspar-david-friedrich-wanderer-ueber-dem-nebelmeer.jpg)

In diesem Gemälde brachte Caspar David Friedrich den Grundgedanken der Empfindsamkeit gut zum Ausdruck. Er bediente sich der beseelten Natur, die als beeindruckende Schöpfung vom Betrachter wahrgenommen werden sollte.

Er verrät nicht den genauen Blick des Wanderers, durch die Rückenansicht. Dadurch kann kein Urteil über seinen Gesichtsausdruck und die Stimmung des Wanderers selbst abgegeben werden. Die Begebenheiten des Bildes, wie z.B. sein Abgrund- naher- Stand könnten vermuten lassen, dass der Wanderer evtl. Todessehnsucht habe und vom Felsen springen möchte. Andererseits könnte der Stand mit dem Wanderstock auch eine gewisse Sicherheit und Standfestigkeit vermitteln. Der hohe Stand auf dem Felsen ist vor allem eine gute Position für eine optimale Kommunikation mit der Natur und der Nähe zu Gott.

Das Gemälde wird als Bildmetapher gesehen, da es für „Leben und Todesahnung, für Begrenztheit und Weite, für Höhe und Abgrund, für Diesseits und Jenseits, für Glaube und Irrung sowie für Gott und Welt" steht. (Lipp, 2007, S.83)

Der Betrachter gewinnt seine Gefühle durch die Reflexion der Natur. Wie ein Spiegel zeigt sie sich von ihrer beseelten und eindrucksvollen Seite und präsentiert sich in ihrer vollen Schöpfung. Durch den Einsatz von tristen und dunklen Farben erhält das Gemälde eine eher traurige, nachdenkliche und sehnsüchtige Stimmung. Hier bediente sich Caspar David Friedrich klaren Elementen aus der Natur, um diese Stimmungszustände auszudrücken, wie z.B. den Nebel, kein Sonnenlicht, Dunst, schwarze Felsen und kalter Stein.

Die Wirkung dieser Elemente sollte beim Betrachter die Stimmungen und Gefühle erzeugen. Ebenso zeigte Caspar David Friedrich die Verbundenheit mit Gott und griff ein weiteres Thema der Romantik auf. Der einsame Wanderer, der gar nicht einsam ist. Denn er ist ja in Mitten der beseelten Natur und verbunden durch den Glauben an Gott. (vgl. Reuter, 2014, S.123)

„Der Rezipient lässt diese komplexe und bewegende Welt in seinem und nur in seinem Kopf entstehen, er konstruiert sie sich", schreibt Reuter (2014) und möchte damit klärend sagen, wie die künstlerischen Werke beim Zuhörer, Leser oder Betrachter ankamen und verarbeitet wurden. (S.111) Das Gemälde der *Wanderer über dem Nebelmeer* kann auf verschiedene Weise interpretiert werden, da man keine Informationen über den Gesichtsausdruck des Wanderers erhält. Caspar David Friedrich hat viele Bilder gemalt, wo häufig Rückenfiguren vorkamen und er so den Wahrnehmungen der Betrachter nicht vorweg beeinflusste, sondern das Einfühlen in die Natur und alle anderen Elemente des Gemäldes individuell aufnehmen konnte.

3.3 Einfluss auf das Leib- Seele- Problem der Psychologie

Mit der Betrachtungsweise der Seele in der gesamten Natur wurde auch das Leib- Seele- Problem neu aufgegriffen. Schon in früher Antike stellten Philosophen, wie Platon oder Aristoteles, Überlegungen an, wie Körper und Geist zusammenpassen konnten. Beide betrachteten Körper und Geist getrennt voneinander. Diese dualistische Vorstellung wurde im abendlichen Denken sehr lange aufrechterhalten und im Laufe der Zeit zum Teil noch ergänzt durch abergläubige und mystische Ideen. Die Seele war unsterblich und fand nur Erlösung, wenn keine glaubenswidrigen Taten oder Todessünden begangen wurden. Der Glaube und die Verehrung Gottes war wichtig, um die eigene Seele nicht zu verlieren. (vgl. Reuter, 2014, S.79)

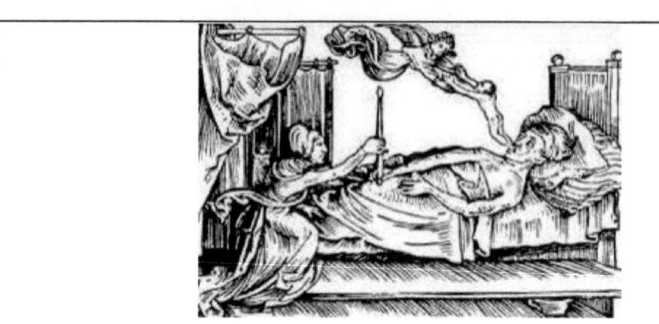

Abbildung 4:   Aufsteigende Seele eines Toten
(Quelle: wikipedia.de)

Im Mittelalter äußerte René Descartes seine Theorie des „Substanzdualismus" (Häcker & Stapf, 2008, S.575), auch *kartesianischer Dualismus* genannt. Descartes nahm eine geistige Substanz (res cogitans) und eine körperliche Substanz (res extensa) an. Sie funktionierten in Wechselwirkung zueinander. Der Körper war greifbar und konnte mittels physiologischer Methoden beispielsweise untersucht und erforscht werden. In seiner Vorstellung funktionierte der Mensch wie eine Maschine. Das Geistige wiederrum war nicht fassbar, da Denken und Bewusstsein keine Körperlichkeit besaßen. Das Leib- Seele- Problem war jedoch durch die Theorie von Descartes nicht gelöst. Er konnte die Existenz der zwei Substanzen nicht erklären. (vgl. Reuter, 2014, S.73-76) Trotzdem, so Reuter (2014) war „dieser Dualismus [...] bis heute eines der prominentesten Denkmodelle, nicht zuletzt wegen seiner unhintergehbaren alltäglichen Selbsterfahrung." (S.75)

Die Romantik jedoch veränderte die Sicht der körperlichen und geistigen Verbindungen. Sie inspirierte durch ihre exakte Beschreibung der psychischen

Zustände die Wissenschaft. Der Mediziner und Physiker Gustav Fechner (1801-1887) verstand es, laut Reuter, (2014) die „romantischen Traditionen und die mathematische Sprache für psychologische Tatsachen" (S.134) zu verbinden. Sein Interesse lag in der Forschung der Wahrnehmungspsychologie, jedoch war er auch fasziniert von der romantischen Epoche. Durch eine krankheitsbedingte Lebenskrise richtete er sein Augenmerk auf die mystischen und romantischen Vorstellungen. Er beschäftigte sich mit den philosophischen Fragen wie Körper und Geist zueinander passten und erörterte diese Verbindung. Er wollte die Gefühle nicht mehr sich selbst überlassen und erforschte sie experimentell.

Dies war insofern revolutionär, weil Fechner mit der psychophysikalischen Methode versuchte das Leib- Seele- Problem wissenschaftlich mit mathematischem Ausdruck zu belegen. Während die bisherigen Erklärungen des Leib- Seele- Problems mehr auf Vermutungen, Aberglaube oder religiösen Einfluss standen. Galliker, Klein & Rykart gaben an (2007), dass er in seinem Werk *Elemente der Psychophysik* „erstmals eine mathematisch- experimentell fundierte Lehre von den Abhängigkeitsbeziehungen zwischen Physis und Psyche" (S.190) entwarf.

Da Fechner von einer körperlichen und geistigen Gleichsetzung ausgegangen war, entstand daraus ein monistischer Ansatz, den er nicht mittels poetischer Lyrik oder religiösen Paradigmen, sondern mit der von ihm begründeten *Psychophysik* erklärte. Er ging davon aus, das durch messen physischer Phänomene sich psychisches ableiten ließe. Zu etwas späterer Zeit entwickelte Wilhelm Wundt den sogenannten *psychophysischen Parallelismus*, wonach die Psychologie sich als eigenständige Disziplin verselbstständigte und Abstand in ihren Untersuchungen von physiologische Phänomene nahm. Wundt führte nach seiner Auffassung eine Psychologie ohne Seelenbegriff fort, was nach Schönpflug (S.299, 2004; zitiert nach Reuter, 2014, S.137) „letztlich ein spannender Paradigmenwechsel im Denken über die menschliche Seele" war.

Die verschiedensten Theorien und Lösungsansätze des Leib- Seele Problems sind zeitweise in den Hintergrund gerückt, da jede Annahme ihre eigenen semantischen Schwierigkeiten hatte und es nicht beweisen konnte. Erst mit Anfang des 21. Jahrhunderts richtete sich die Aufmerksamkeit wieder auf die Aufklärungsmission des Leib- Seele- Problems. Durch Erfolge in der wissenschaftlichen Forschung, der Biologischen Psychologie und der Neuropsychologie, wurde der Mensch als Wesen von Naturgesetzen beeinflusst, betrachtet. Dadurch gelangte der damalige materialistische Denkansatz in die moderne Zeit zurück. Die Sichtweise des materialistischen Menschen ergab neue Diskussionen über die moralischen Konsequenzen. (Schönpflug, 2013, S.421) Wonach laut Schönpflug (2013) der „monistische Lösungsansatz des Leib- Seele- Problems die Offensive übernommen, [habe, und], der dualistische eher die Verteidigungsposition" (S.420) eingenommen hatte.

Die Untersuchungen des Leib- Seele- Problems gestalten sich heutzutage weniger durch philosophische Überlegungen oder Annahmen. Heute ist es möglich z.B. Hirnaktivität sichtbar zu machen, Blut zu analysieren und genetische Faktoren zu beschreiben. Große Hilfestellung und Unterstützung in der Forschung liefern medizinisch- radiologische Geräte, wie z.B. Computertomographen oder computergestützte Messverfahren, um Zusammenhänge von physischen Aktivitäten und psychischen Erleben mittels dieser innovativen Techniken, sichtbar zu machen.

Besonders die Biologische Psychologie hat in rasanter Geschwindigkeit in den Bereichen Verhaltensgenetik, Neuroendokrinologie und Neuropsychologie große Fortschritte in der Forschungsarbeit erzielt. Heute ist weniger die Rede von Seele oder Geist, sondern der Mensch wird in der Forschung eher auf sein Gehirn zurückgeführt. Wobei sich gegenüber dieses *Reduktionismus,* das Bewusstsein nicht existent sei und psychisches stets auf physisches reduziert wird, scharfe Kritik entgegensetzt. Besonders in der Frage um den bewussten Willen, wird heute noch diskutiert.

Obwohl die Forschung weit besser ausgestattet ist, als in der frühen Antike oder im Mittelalter, konnte sie bislang noch keine eindeutigen Beweise liefern, um die Diskussion abzuschließen. Somit hält die Debatte über das sogenannte Leib- Seele- Problem bis heute weiter an. (vgl. Schönpflug, 2013, S.417- 421)

Literaturverzeichnis

Aristoteles; Krapinger, Gernot (Hrsg.) (2011): Über die Seele. Griechisch/Deutsch. Stuttgart: Reclam (Reclams Universal-Bibliothek, 18602).

Dorsch, Friedrich; Häcker, Hartmut O.; Stapf, Kurt-H.; Becker-Carus, Christian (Hrsg.) (2009): Dorsch psychologisches Wörterbuch. [15000 Stichwörter, 800 Testnachweise]. 15., überarb. und erw. Aufl. Bern: Huber. Online verfügbar unter http://www.socialnet.de/rezensionen/isbn.php?isbn=978-3-456-84684-2.

Fahrenberg, Jochen (2008): Wilhelm WUNDTs Interpretationslehre (43 Absätze). Hrsg. v. Forum Qualitative Sozialforschung / Forum: Qualitative Social Research, 9(3), Art. 29, http://nbn-resolving.de/urn:nbn:de:0114-fqs0803291. Online verfügbar unter letzter Zugriff am 04.09.2017.

Galliker, Mark; Margot Klein; Sibylle Rykart (2007): Meilensteine der Psychologie. Die Geschichte der Psychologie nach Personen, Werk und Wirkung. s.l.: Alfred Kröner Verlag. Online verfügbar unter http://gbv.eblib.com/patron/FullRecord.aspx?p=4341635.

Kunsthalle Hamburg (2016): Der Wanderer über dem Nebelmeer, 1817. Hg. v. Kunsthalle Hamburg. Online verfügbar unter http://www.hamburger-kunsthalle.de/sammlung-online/caspar-david-friedrich/wanderer-ueber-dem-nebelmeer; letzter Zugriff am 07.09.2017; Zugriff am 08.09.2017.

Lipp, Wilfried (2007): Kultur des Bewahrens. Schrägansichten zur Denkmalpflege. Wien: Böhlau. Online verfügbar unter http://deposit.d-nb.de/cgi-bin/dokserv?id=2957271&prov=M&dok_var=1&dok_ext=htm.

Lück, Helmut E.; Leplow, Bernd; Salisch, Maria von (2014): Geschichte der Psychologie. Strömungen, Schulen, Entwicklungen. 7., überarbeitete Auflage. s.l.: W. Kohlhammer Verlag. Online verfügbar unter http://www.content-select.com/index.php?id=bib_view&ean=9783170261426.

Myers, David G.; Hoppe-Graff, Siegfried; Keller, Barbara (2014): Psychologie. 3., vollst. überarb. und erw. Aufl. Berlin: Springer (Springer-Lehrbuch). Online verfügbar unter http://dx.doi.org/10.1007/978-3-642-40782-6.

Reuter, Helmut (2014): Geschichte der Psychologie. Göttingen: Hogrefe (Bachelorstudium Psychologie). Online verfügbar unter http://elibrary.hogrefe.de/9783840922237/U1.

Schönpflug, Wolfgang (2006): Einführung in die Psychologie. 1. Aufl. Weinheim: Beltz PVU (Grundlagen Psychologie). Online verfügbar unter http://www.content-select.com/index.php?id=bib_view&ean=9783621278591.

Schönpflug, Wolfgang (2013): Geschichte und Systematik der Psychologie. 3., vollst. überarb. Aufl. Weinheim: Beltz (Psychologie 2013). Online verfügbar unter http://www.content-select.com/index.php?id=bib_view&ean=9783621280655.

Universität Göttingen (2017): Aristoteles. Hrsg. v. Universität Göttingen. Online verfügbar unter http://viamus.uni-goettingen.de/vd/62/mjt.jpg; Zugriff am 08.09.2017.

Universität Konstanz (2005): Behavioristische Theorien des Lernens und der Lern- Motivation. Hrsg. v. Universität Konstanz. Online verfügbar unter https://www.uni-konstanz.de/ag-moral/lernen/01_lernen/lerntheorien_behaviorismus.htm; Zugriff am 08.09.2017.

Universität Leipzig (2017): Wilhelm Wundt und die Anfänge der experimentellen Psychologie. Hg. v. Universität Leipzig. Online verfügbar unter http://psychologie.biphaps.uni-leipzig.de/hist.html; Zugriff am 08.09.2017.

wikipedia.de (2005): René Descartes Portrait. Hrsg. v. wikipedia.de. Online verfügbar unter https://de.wikipedia.org/wiki/Ren%C3%A9_Descartes; Zugriff am 08.09.2017.

wikipedia.de (2013): Bild einer aufsteigende Seele. Hrsg. v. wikipedia.de. Online verfügbar unter https://de.wikipedia.org/wiki/Seele; Zugriff am 08.09.2017.

Abbildungsverzeichnis

Abbildung 1:   Aristoteles Büste ....

Abbildung 2:   René Descartes Portrait ....

Abbildung 3:   Der Wanderer über dem Nebelmeer, 1817 ....

Abbildung 4:   Aufsteigende Seele eines Toten ....

Anlagenverzeichnis

Anlage 1: Deckblatt ....